AF351254

**El paso de Dios, en la vida
del Padre Kentenich**

Gabriela Kast R.

© EDITORIAL NUEVA PATRIS S.A.
José Manuel Infante 132
Providencia, Santiago - Chile
Teléfono: 56 - 22 235 1343 - Fax: 56 - 22 235 8674
E-mail: gerencia@patris.cl
www.patris.cl

N° Inscripción: 274119
ISBN: 978-956-246-838-1

Diseño/Diagramación:
M. Constanza Martínez M.
Alberto Siredey D.

Impresor: Quickprint Ltda.
Febrero, 2017
1° Edición - 1.000 ejemplares
Santiago, Chile.

Gabriela Kast R.

El paso de Dios, en la vida del Padre Kentenich

NUEVA PATRIS

Todo para Schönstatt,
Schönstatt para la Iglesia,
la Iglesia para la Trinidad

P. Josef Kentenich

Indice

Pre Historia - 1885-1914

1885 Nace José Kentenich

16 de Noviembre

José Kentenich nace en Gymnich, pueblo cerca de Colonia, Alemania, en el hogar de los abuelos maternos.

Su madre es Katharina Kentenich, su padre, Matías José Koep, quien nunca lo reconoce como hijo legítimo.

19 de Noviembre

José Kentenich es bautizado en la Parroquia del pueblo.

1886

Infancia de José Kentenich transcurre en la casa de sus abuelos maternos: Matías y Ana María Kentenich.

1890

A los 5 años, José entra al colegio en Gymnich.

1894

12 de Abril

A los 8 años y medio, José Kentenich ingresa en el orfanato San Vicente, Oberhausen (Alemania).

Su madre, Katharina, lo consagra a la Stma. Virgen en la Capilla de la institución, hecho que marca su vida. Es el origen remoto de la Alianza de Amor.

1897

El Domingo in Albis (Segundo Domingo de Pascua) José Kentenich recibe su Primera Comunión. Comparte con su madre su deseo de ser sacerdote.

24 de septiembre

José Kentenich recibe el Sacramento de la Confirmación.

1899

23 de Septiembre

José Kentenich ingresa al Seminario Menor de los Palotinos, en Ehrenbreitstein, pueblo cercano a Coblenza.

1904

Comienza una crisis existencial que dura varios años, hasta que desarrolla la paternidad sacerdotal en la dirección espiritual a los seminaristas.

1905

Comienza estudios filosóficos y teológicos en Limburgo.

1906

J. Kentenich finaliza su noviciado.

1906- 1907

José Kentenich sufre una larga enfermedad a los pulmones. Pasa sus vacaciones en Schoenstatt.

1910

28 de Marzo

J. Kentenich es ordenado Diácono.

8 de Julio

José Kentenich recibe el Sacramento del Orden Sacerdotal, en Limburgo, Alemania.

10 de Julio

El P. Kentenich celebra su Primera Misa en Limburgo.

1911

Septiembre

El P. Kentenich inicia sus clases como profesor de Alemán y Latín en Ehrenbreitstein, Coblenza.

1912

Octubre

El Padre Kentenich se traslada a Schoenstatt (Vallendar, Coblenza).

Es nombrado Director Espiritual de los estudiantes en el colegio de los Padres Palotinos en Schoenstatt. Comienza la superación de su crisis interior.

1912

27 de Octubre
Acta de Pre-Fundación

El P. Kentenich propone a los jóvenes el siguiente programa: "Bajo la protección de María queremos aprender a educarnos a nosotros mismos para llegar a ser personalidades firmes, libres y sacerdotales".

1914

25 de Febrero

Estadía en el hospital en Vallendar y convalecencia en el hospital de Bad Ems.

19 de Abril

Se funda la Congregación Mariana, de la cual nacerá el futuro Movimiento de Schoenstatt.

4 de Agosto
Fallece Pío X.

3 de Septiembre
Asume Papa Benedicto XV.

8 de Julio

La Congregación recibe la antigua Capilla de San Miguel.

18 de Julio

El P. Kentenich lee el artículo sobre nuestra Sra. de Pompeya, del abogado Bartolo Longo. Primer Santuario Mariano, no surgido de una aparición, sino de una iniciativa humana. Comienza un tiempo de discernimiento y meditación para los designios de la Divina Providencia respecto de la Congregación y la Capilla a San Miguel.

1 de Agosto 1914

Inicio de la I Guerra Mundial.
Los congregantes de Schoenstatt deben partir al campo de batalla.

1º Hito: 18 de Octubre de 1914 "En la luz divina"

18 de Octubre 1914: Primera Acta de Fundación

El Padre Fundador da una plática a los jóvenes de la Congregación Mariana donde les propone hacer una "suave violencia" a la Santísima Virgen por medio de las Contribuciones al Capital de Gracia, para que Ella establezca en el Santuario su trono de gracias. De esta forma se sella una Alianza de Amor de ellos con la Santísima Virgen. Esta fecha constituye el día de Fundación del Movimiento de Schoenstatt. Este hecho marca el Primer Hito de la Historia de Schoenstatt.

1915

Abril

Los primeros congregantes, buscan una imagen de la Virgen María adecuada para la Capilla de su Congregación. Un profesor del colegio, (Huggle) les regala una reproducción litográfica de un cuadro del pintor italiano Crossio.

La imagen se instala durante un Viernes Santo en la Capilla. Desde ese momento ha permanecido siempre en el Santuario.

Mayo

Durante el Mes de María, los congregantes ofrecen muchas "flores espirituales" a la Virgen María. Se comienza a vivir de las contribuciones al Capital de Gracia.

Desarrollo del paralelo Ingolsadt-Schoenstatt: Así como una Congregación Mariana de Ingolstadt, al sur de Alemania, había significado una fuerza decisiva de renovación para la Iglesia Alemana en el tiempo de la contra-reforma, Schoenstatt debe significar algo semejante, ahora, para la renovación religioso moral del mundo.

1916

5 de Marzo

Sale el primer número de la revista MTA (Mater, tres veces admirable).

El Padre Kentenich incorpora la idea original de Vicente Pallotti (Confederación Apostólica Universal: CAU) como uno de los fines de Schoenstatt.

El P. Kentenich comienza a usar el término Ideal Personal, Horario Espiritual y Examen Particular.

1918

Muere José Engling en el campo de batalla cerca de Cambrai, Francia. Engling es la primera "Cruz negra", es decir, alguien que ha vivido íntegra y heroicamente su Alianza de Amor, ofreciendo su vida a María por la naciente Familia de Schoenstatt.

1919

18 de Julio:

El P. Kentenich deja su cargo de Director Espiritual de los seminaristas, para dedicarse por entero al Movimiento.

18 - 20 de Agosto

Un grupo de laicos schoenstattianos, funda en la Jornada de Hoerde; (junto a Dortmund, Alemania) la Federación Apostólica. Con la fundación de la Federación se constituye propiamente el Movimiento Apostólico de Schoenstatt (Acto sin la asistencia del P. Kentenich).

28 de Octubre

Concesión del Santuario de Schoenstatt para "uso permanente" de la Federación Apostólica, por un escrito del padre provincial, Michael Kolb, desde Roma.

1920

8 de Diciembre

El Padre Kentenich decide admitir a las primeras mujeres a la Federación Apostólica (Gertraud von Bullion), con lo que se funda el primer grupo femenino de Schoenstatt.

Gertraud von Bullion

1921

Se forman once grupos de la Federación de Mujeres.

1922

Fallece Benedicto XV.

Asume Papa Pío XI.

15 de Mayo

El Papa Pío XI concede por primera vez su bendición al Movimiento Apostólico de Schoenstatt.

1926

1 de Octubre

Se funda oficialmente el Instituto Secular de las Hermanas de María.

1933

15 de Agosto

Se funda la Juventud Femenina de Schoenstatt como Rama del Movimiento Apostólico.

Hitler "asume" como canciller de Alemania. Los nazis llegan al poder.

Construcción del campo de concentración de Dachau.

1928

15 de Agosto

Se bendice la nueva casa de retiros Bundesheim (Casa de Alianza). El Padre Fundador vive en la Bundesheim desde 1928 hasta 1941.

17 de Diciembre

Envío misionero de las primeras Hermanas Marianas a Sudáfrica.

1934

Llegan las primeras Hnas. de María a Brasil y Argentina.

8 de julio

El P. Kentenich celebra sus bodas de plata sacerdotales.

1936

26 de Abril

Llegan las primeras Hermanas de María a Chile (Valparaíso, Temuco).

1939

30 de Abril

Los nazis se instalan en el edificio del seminario de los Palotinos.

Fallece Pío XI.

31 de Mayo

Las Hermanas forman una "cadena viva" en torno al Santuario y rezan con la convicción de que: "los poderes del demonio, del nacismo, no destruirían ni a Schoenstatt ni al Santuario."

1 de Septiembre

Estalla la II Guerra Mundial.

2ª Acta de Fundación

18 de Octubre 1939

Jubileo de los 25 años de Schoenstatt. El P. Kentenich envía desde Suiza las "palabras de ocasión" para conmemorar los 25 años de la Primera Acta de Fundación. Este documento es conocido como segunda Acta de Fundación. Esta acta o carta explica cómo se ha ido creciendo en la profundidad de la Alianza de Amor a la altura del Poder en Blanco.

Surge una corriente de coronación: se reconoce a María en su soberanía sobre Schoenstatt. Ella tiene que tomar el cetro y guiar la barca de la Familia en medio de la nueva crisis mundial.

10 de diciembre

Se corona el cuadro de la Mater en el Santuario Original de Schoestatt. Esa coronación se transformó en un imperativo y en una forma de vida salvando a la Familia de los nazis.

1941

20 de Septiembre

El P. Kentenich es detenido al finalizar un retiro para sacerdotes en Schoenstatt. Se presenta ante la policía estatal, Gestapo, en Coblenza. Comienzan las 4 semanas en el "Bunker" (Mazmorra en el subterráneo del cuartel de la Gestapo).

18 de Octubre

Término de las cuatro semanas de encarcelamiento en el "Bunker". El P. Kentenich es trasladado" a la cárcel de Coblenza.

21 de Octubre

Primera carta enviada desde la prisión a Schoenstatt. Comienza intercambio epistolar con la Familia, especialmente con algunas hermanas de María, con el P. Menningen y otros sacerdotes.

13 de diciembre

El P. Kentenich comienza a celebrar la Santa Misa clandestinamente en su celda de prisionero.

24 y 25 de Diciembre

Navidad: Nace la corriente del "Jardín de María". Corriente de Inscriptio.

Comienzan las llamadas "Cartas del Carmelo". Con ellas nuestro Fundador ofrece sus "cadenas de esclavo", su libertad por la libertad interior de la Familia: solidaridad de destinos.

2º Hito: 20 de Enero de 1942 "En la confianza divina"

El Segundo Hito de la historia de Schoenstatt, es un llamado a profundizar la Alianza de Amor en el sentido de la Inscriptio, es decir, del amor a la cruz. Se toma conciencia de la posición del P. Kentenich como Fundador y cabeza de la familia de Schoensttat y de la estrecha comunidad de destinos y solidaridad entre ambos. Se acentúa el carácter sobrenatural de Schoenstatt como obra e instrumento de Dios.

1942

13 de enero
Nuevo interrogatorio al P. Kentenich por la policía secreta estatal, Gestapo.

16 de Enero
Comunicado al P. Kentenich de su prisión preventiva. Los exámenes médicos determinan que es "apto para el campo de concentración", a pesar de su frágil salud (pulmones).

20 de Enero
El P. Kentenich decide voluntariamente no apelar a una revisión de su exámen médico. Con ello rechaza, por libre decisión, la posibilidad de no ser enviado al Campo de Concentración.

11 de Marzo
El Padre Kentenich es trasladado desde la prisión de Coblenza al Campo de Concentración en Dachau, cerca de Munich. Es instalado en el bloque de acceso.

23 de Agosto

Del bloque de acceso es trasladado a la sección de sacerdotes polacos.

13 de Octubre

El P. Kentenich es trasladado del bloque de los sacerdotes polacos a la sección de los sacerdotes y religiosos alemanes al bloque de los sacerdotes y religiosos alemanes (N° 26).

16 de Julio

En Dachau se funda el Instituto de los Hermanos de María y el Instituto de las Familias.

1943

Se inicia un intercambio de cartas desde Dachau.

19 de Marzo

P. Kentenich puede por primera vez, en el día de su santo, presidir la Santa Misa en Dachau. María es coronada como Reina del pan.

20 de enero

El P. Kentenich recibe, en Dachau, una cruz de plata del Papa Pío XII.

18 de Octubre

Se bendice el primer Santuario filial en Nueva Helvecia, Uruguay.

1944

Tercera Acta de Fundación

Charlas dadas por el P. Kentenich, en el campo de concentración de Dachau.

Se inicia un intercambio de cartas desde Dachau.

Se funda "la internacional" Schoenstattiana en Dachau.

Coronación de la Madre Tres veces Admirable, como Reina del campo de concentración y del mundo.

1945

6 de Abril

El P. José Kentenich es liberado del campo de concentración de Dachau.

8 de mayo

Fin de la II Guerra Mundial.

20 de Mayo

Fiesta de Pentecostés. El Padre Kentenich retorna a Schoenstatt.

18 de Octubre

Se funda el Instituto de los Sacerdotes diocesanos de Schoenstatt.

1946

2 de Febrero

Se funda el Instituto Secular de Nuestra Señora de Schoenstatt (Frauen von Schoenstatt).

1947-1951

Realiza viajes apostólicos internacionales a Brasil, Uruguay, Argentina, Chile, Sudáfrica y EE.UU.

14 de Marzo

El Padre Fundador es recibido en audiencia privada por el Papa Pío XII.

1948

Se bendice el Santuario filial de Santa María, Brasil.

18 de Octubre

Bendición de la primera piedra para el Santuario Cenáculo de Bellavista, Chile.

1949

20 de Mayo

El P. Kentenich bendice el Santuario Cenáculo de Bellavista, Chile.

3º Hito: 31 de mayo de 1949 "En la fuerza divina"

31 de Mayo 1949

El Padre Fundador pone sobre el altar del Santuario en Bellavista la primera carta de su respuesta a las objeciones hechas por el visitador en Schoenstatt: "Epístola perlonga". Proclama desde el Santuario de Bellavista una cruzada por el pensar, amar y vivir orgánicos. Comienza la confrontación "contra el pensar mecanicista". Este momento histórico da comienzo al tercer Hito de la Historia de Schoenstatt.

5 de Junio

El Padre Fundador corona a la Mater en Bellavista (Chile) confiando en sus manos la victoria de la "Cruzada del 31 de Mayo".

1950

22 de Enero

El Padre Kentenich asiste a la beatificación de Vicente Pallotti en la basílica de san Pedro en Roma.

Septiembre

Nace la Federación de Madres de Schoenstatt.

1951

23 de Julio

Se inicia la visita Apostólica a Schoenstatt encargada por el Santo Oficio al Padre Tromp, S. J. como "respuesta" a la carta del P. Kentenich del 31 de Mayo.

14 de Agosto

Se le comunica al Padre Kentenich la destitución de su cargo como Director de las Hermanas Marianas y del cargo de Director del Movimiento.

22 de Octubre

El Padre Kentenich debe abandonar Schoenstatt. Primero parte a Suiza luego a Roma.

1952

El Santo Oficio le designa al Padre Kentenich, Milwaukee, EE.UU. como lugar de destierro.

19 de Enero

El P. Kentenich parte de Roma rumbo a Argentina.

20 de Enero

El Padre Kentenich bendice el Santuario en Florencio Varela, Argentina.

1953

Se bendice el Santuario en Madison, EE.UU.

Agosto

Se le concede a Schoenstatt el "nihil obstat" o "nada obsta". No hay reparos en su doctrina y moral.

Permanece la separación del Fundador con respecto de la Familia del Movimiento.

1954

Se bendice el Santuario del Exilio. Milwaukee.

El Santo Oficio prohíbe el contacto del Padre Kentenich con Schoenstatt.

1955

20 de Noviembre

Fallece la Hna. María Emilie, con fama de santidad. Fue una de las primeras cofundadoras del Instituto de las Hermanas Marianas. Vivió heroicamente la espiritualidad de la Alianza de Amor.

16 de Noviembre

El Padre Kentenich cumple 70 años.

1958

Fallece Pío XII.
Asume Juan XXIII como nuevo Papa.

1959

El Padre Kentenich asume la capellanía de la Parroquia alemana en Milwaukee.

1960

8 de Julio

Bodas de Oro Sacerdotales del Padre Fundador.

1961

15 de Noviembre

Orden del Santo Oficio al P. Kentenich de hacer cinco días de retiro con prohibición de celebrar Misa. (Consecuencias de la carta del 31 de Octubre al Padre General).

1962

El 25 de diciembre de 1961, el Papa Juan XXIII comunica la necesidad de llevar a cabo el Concilio Vaticano II. Lo hace considerando los signos de los tiempos, la grave crisis de la humanidad, sus guerras y su grave indigencia espiritual y de esperanza. Este Concilio se efectuó entre los años 1962 y 1965.

Con el Papa Pablo VI, el 8 de diciembre de 1965 finalizó el Concilio, dejando importantes orientaciones para la liturgia, los sacramentos y la Palabra de Dios. La Iglesia, se comprende en Cristo como sacramento de Comunión, el diálogo Iglesia mundo y otros temas relacionados con la importancia de la misión, la libertad religiosa, las Iglesias orientales y el diálogo ecuménico.

1963

20 de Enero
Canonización de Vicente Pallotti, en Roma.

3 de Junio
Fallece Juan XXIII.

21 de Junio
Elección de Pablo VI, como nuevo Papa.

1963

Surge la corriente de "Santuario Hogar" en Milwaukee, a partir del desvalimiento que sentían los padres de familia en la educación de sus hijos, especialmente la educación en la fe.

1964

15 de Julio
En Milwaukee muere Mario Hiriart, ingeniero civil, joven schoenstattiano. Considerado como Cruz Negra de la generación fundadora del Movimiento en Chile. Perteneció al Instituto Secular de los Hermanos de María. Se encuentra en proceso de canonización.

5 de Octubre
Se entregan las actas del proceso de beatificación de José Engling a la Congregación para los Santos en Roma.

6 de Octubre

Papa Pablo VI ratifica una petición del Prefecto de la Congregación de Religiosos que otorga a la Obra de Schoenstatt su plena independencia jurídica en relación a los Palotinos.

1965

18 de Julio

Fundación de los Padres de Schoenstatt como parte importante de la Obra de Schoenstatt.

13 de Septiembre

El P. Kentenich recibe en Milwaukee la noticia telegráfica del P. General quien le ordena trasladarse a Roma.

17 de Septiembre

El P. Kentenich llega a Roma, causando gran revuelo, por lo inesperado de su viaje. Nadie había enviado el telegrama que determinaba su retorno a Roma.

4º Hito: 22 de Octubre de 1965
"En la victoriosidad divina"

22 de octubre

El Papa Pablo VI decide liberar al Padre Kentenich de todas las prohibiciones y le devuelve su plena libertad de acción apóstolica, contra toda esperanza humana.

Este hecho marca el Cuarto Hito de la Historia de Schoenstatt: "En la victoriosidad divina".

15 de noviembre

El P. Kentenich se retira de la comunidad de los Padres Palotinos.

16 de Noviembre

El Padre Kentenich celebra sus 80 años en Roma.

8 de Diciembre 1965
Solemne clausura del Concilio Vaticano II.

22 de Diciembre

Audiencia del P. Kentenich con el Papa Pablo VI. En esta audiencia, el P. Kentenich se compromete con el Papa a colaborar en la realización del programa elaborado por el Concilio Vaticano II.

24 de Diciembre

El Padre Kentenich retorna a Schoenstatt luego de 14 años de Exilio. Acontece el "Milagro de la Noche Buena".

1966

De regreso en Alemania el P. Kentenich dedica todo su tiempo a conversaciones, pláticas y retiros. Interpreta la Historia de Schoenstatt, esclarece su misión para el tiempo actual y futuro.

1968

9 de Junio

El Obispo de Tréveris consagra la Iglesia de la Adoración en el Monte Schoenstatt.

15 de Septiembre 1968

El Padre José Kentenich fallece en la sacristía de la Iglesia de la Adoración, luego de haber celebrado, por primera vez, la Santa Misa en dicho templo.

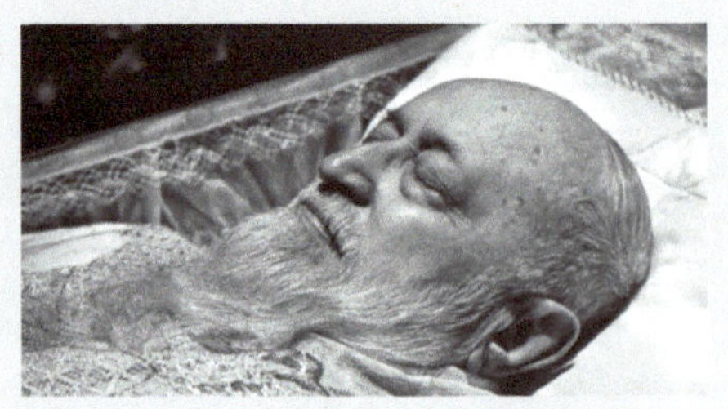

20 de Septiembre

Se celebran los funerales del Padre y Fundador del Movimiento de Schoenstatt, que es enterrado en el mismo lugar donde murió. En su tumba se escribe la frase: "DILEXIT ECCLESIAM" (Amó a la Iglesia).

1975

10 de Febrero

Solemne apertura del proceso de beatificación del P. Kentenich por el obispo de Tréveris, Monseñor Bernhard Stein.

2013

22 de Mayo

Con ocasión del jubileo por los 100 años de la fundación de Schoensttat, los Palotinos donan al Movimiento el Santuario Original en Vallendar Schoenstatt, Alemania.

2014

18 Octubre

Al conmemorarse los cien años de la Alianza de Amor con María por parte de los primeros congregantes y el Padre Kentenich, la familia de Schoenstatt en el mundo entero celebró este aniversario. Fue un renovarse en la misión y en el carisma, acogiendo el llamado del Papa Francisco, hacer un "Schoenstatt en salida".

"Alegres por la esperanza,
seguros de la victoria,
con María
hacia los tiempos más nuevos"

J. Kentenich

Glosario

Actas de Fundación

Se refieren, a charlas o textos relacionados directa o indirectamente con los hitos de la historia de Schoensatatt, cuyos contenidos definen el desarrollo del movimiento en sus etapas fundamentales.

Alianza de Amor

El "nervio" central de la Historia Sagrada del pueblo cristiano es la Alianza que Dios selló con su pueblo escogido, el pueblo judío. Cristo Jesús establece una Nueva Alianza, que es sellada con su sangre en el Gólgota. Por el sacramento del bautismo nos incorporamos como cristianos en Alianza con Cristo.

Schoenstatt establece con la Virgen María una "Alianza de Amor" por la cual se sumerge profundamente en la Alianza con Cristo el Señor. La "Alianza" quiere acentuar el carácter bilateral de nuestra entrega a Ella y al Señor. Su lema es: "Nada sin ti, nada sin nosotros".

El 18 de octubre de 1914, el P. Kentenich sella por primera vez la Alianza de Amor con María, junto a sus jóvenes congregantes en la "capillita".

Contribuciones al Capital de Gracia

El Fundador de Schoenstatt, a través de esta expresión, quiere acentuar que Dios espera y requiere nuestra cooperación activa en la realización de su plan de amor. Nuestro "capital" son las obras meritorias, todo lo que hacemos, rezamos y sufrimos. Con amor, lo ofrecemos a María como don de nuestro amor.

Hitos

Se refieren a los acontecimientos de gracias que marcan una época de la historia de Schoenstatt, que poseen un carácter esencial, es decir de validez para todos los tiempos. Manifiestan una clara intervención de Dios en la historia de la Familia, que define decisivamente su rumbo.

Inscriptio

El P. Kentenich toma este término de san Agustín, quien define el amor como una "inscriptio cordis in cor" (inscripción de un corazón en el otro). El Padre Fundador lo aplica especialmente en el sentido de inscribir nuestro corazón en el corazón de Cristo y María, traspasados por la lanza y por la espada en el Gólgota. Con ello se quiere enfrentar y asumir aquellas cruces que encontramos en nuestra vida, haciendo de ellas un camino de santidad.

El P. Kentenich usa este término por primera vez en 1941, para indicar un crecimiento en la Alianza de Amor, según el cual no sólo se acepta la cruz, sino que, por amor, es solicitada en la medida que esté contemplada en el plan divino.

Poder en blanco

Este término lo usa el Padre Fundador para expresar una profundización de la Alianza de Amor a María. Encierra una disposición de apertura total a la voluntad de Dios Padre. Dios puede escribir lo que desee en el poder que nosotros firmamos, porque sabemos que aquello que Dios escriba es lo mejor para nosotros: salud, enfermedad, alegrías, cruces. Todo lo acep-

tamos conscientemente, realizando
así el plan de amor que Dios tiene
para nosotros. En octubre de 1939, el
P. Kentenich al ver avecinarse duros
tiempos para la Familia a causa de la
guerra, invita a sellar la consagración
de "Poder en Blanco" con María.